LES DEUX GASCONS

DIALOGUE POUR L'ENFANCE

IMPRIMERIE GÉNÉRALE DE CHATILLON-SUR-SEINE, A. PÉPIN.

LES
DEUX GASCONS

DIALOGUE POUR L'ENFANCE

PAR

LEMERCIER DE NEUVILLE

PARIS

LIBRAIRIE THÉATRALE

14, RUE DE GRAMMONT, 14

—

1889

PERSONNAGES :

FARGIGNAC, de 8 à 12 ans.
BLAGAGNAC,   id.

Ce dialogue est extrait du volume *Les Enfants au salon*, du
même auteur.

LES
DEUX GASCONS

FARCIGNAC, BLAGAGNAC.

FARCIGNAC.

N'as-tu pas remarqué, toi, mon ami d'enfance,
Combien notre pays de Bordeaux est charmant?

BLAGAGNAC.

Moi, je suis de Toulouse, et tous deux, sûrement,
Valent, comme splendeur, le reste de la France.

FARCIGNAC.

Bordeaux ! son vaste port et son pont merveilleux !

BLAGAGNAC.

Toulouse ! son canal fameux ! son Capitole !

FARCIGNAC.

Et les Quinconces, donc ! avec leurs arbres vieux
Qui couvrent les passants de leur verte coupole !

BLAGAGNAC.

Quels lointains ! De chez nous, lorsque le temps est clair.
On voit facilement toutes les Pyrénées...

FARCIGNAC.

De Bordeaux, c'est bien mieux ! par les belles journées
En regardant à l'ouest, on distingue la mer !

BLAGAGNAC.

Tu n'es jamais venu voir Toulouse, sans doute ?

FARCIGNAC.

Non !

BLAGAGNAC.

Eh bien ! cher ami, chez moi l'on naît chanteur !
Oui ! tout le monde chante ! On entend, sur la route,
Des voix de paysans qui charment l'auditeur,
Les ténors, — et tu sais si le ténor est rare ! —
Abondent à Toulouse ! Il s'en rencontre tant
Que, dans la ville, c'est comme un gai tintamarre,
Car tous ces gaillards-là ne parlent qu'en chantant !

FARCIGNAC.

Nous avons mieux que des chanteurs ! car la voix pases.
Et, pour la rétablir, tous les efforts sont vains!
La voix, c'est bien ! Chez moi, le bon vin la remplace :
Nous sommes, à Bordeaux, tous des marchands de vin !
Tous ! sans exception ! C'est comme une consigne !
L'artisan, l'avocat, l'artiste, le banquier,
Chacun possède au moins un petit coin de vigne
Dont le produit se vend dans l'univers entier.

BLAGAGNAC.

Vos récoltes, parfois, sont un peu baptisées...

FARCIGNAC.

Jamais !

BLAGAGNAC.

Les arts, chez moi, sont beaucoup estimés.

FARCIGNAC.

Et chez moi ! Nous avons, à Bordeaux, des musées
Fameux.

BLAGAGNAC.

Ceux de Toulouse, aussi, sont renommés.

FARCIGNAC.

On y voit le tonneau du fameux Diogène !

BLAGAGNAC.

Chez nous, dans un bassin de marbre blanc, on voit

Cinq litres d'eau de la fontaine d'Hippocrène !...
·. Mais une fois par an, seulement, on en boit !

FARCIGNAC.

Nous, nous avons les fers, en argent, de Pégase !

BLAGACNAC.

Et nous! — mais d'y toucher il nous est défendu,
Et c'est discrètement placé sous une gaze... —
Nous avons quatre poils d'un œuf qu'on a tondu !

FARCIGNAC.

Ce n'est rien ! Nous avons, caché dans une cage,
Le rat dont la montagne, un beau jour, accoucha !

BLAGAGNAC.

Et nous! — vous n'avez rien si précieux, je gage ! —
La perle que le coq d'Esope dénicha !

FARCIGNAC.

Et nous, les yeux d'Argus !

BLAGAGNAC.

Et nous, une pincette

Avec laquelle on peut tirer les vers du nez
Sans qu'on le sache !— Et quand, par hasard, on la prête,
C'est amusant de voir tous les gens étonnés !

FARCIGNAC.

Je n'ai pas maintenant présent à la mémoire
Tout ce que nous avons ; mais ça n'en finit plus !
Quand j'en parle à Paris, on ne veut pas me croire !

BLAGAGNAC.

Eh bien ! c'est comme moi ! — Je me tais, au surplus,
Et j'aime mieux parler de nos chasses superbes,
Où l'on voit les chasseurs errer de toutes parts
Dans nos immenses champs, à l'époque où les gerbes,
Que traînent les bœufs roux, rentrent sous les hangars.
La chasse ! Nous avons, vois-tu bien, dans nos plaines
Tellement de gibier que nous le méprisons :
Les lièvres, les perdreaux, les lapins, par centaines,
Viennent gîter chez nous jusque dans nos maisons.

FARCIGNAC.

Chez nous, les cerfs, les daims, les chevreuils sont en bandes !
Nous ne touchons jamais à ces grands animaux :
Nous les laissons en paix s'ébattre dans les landes,
Et, lorsque nous chassons, nous tuons des moineaux.

BLAGAGNAC.

Cependant, nous avons des chasseurs très habiles !
J'en connais un, — c'était un notaire, je crois, —
Qui tua, — ce coup-là n'est pas des plus faciles, —
Qui tua, d'un seul coup, trois lièvres à la fois !

FARCIGNAC.

Trois !

BLAGAGNAC.

Oui, trois !

FARCIGNAC.

Ce n'est rien ! Quelle plaisanterie !

J'en connais un... — le coup m'a rendu stupéfait ! —

Il vise et met à bas toute une compagnie
De perdreaux, et massacre un lièvre qui passait !

BLAGAGNAC.

Mais pas du même coup ?

FARCIGNAC.
Si !

BLAGAGNAC.
C'est invraisemblable !

FARCIGNAC.

Si ! — Les perdreaux, mon cher, étaient posés ! — C'est fort !

BLAGAGNAC.

Non ! le coup est joli, mais il est concevable ;
Gibier posé, pour un chasseur est gibier mort !
Mais un autre plaisir, et qui nous passionne,
C'est la pêche !

FARCIGNAC.
La pêche ! Oh ! nous en raffolons.
Et d'abord, pour pêcher, nous ne craignons personne !

BLAGAGNAC.

Et, quant à nous, chacun sait ce que nous valons !

FARCIGNAC.

J'ai vu prendre un brochet pesant cent trente livres !

BLAGAGNAC.

Peste !

FARCIGNAC.

C'était, du reste, après son déjeuner.
Très boursouflé, son corps était rempli de vivres.

BLAGAGNAC.

Sapristi ! le gaillard avait dû s'en donner !...

FARCIGNAC.

Et, tout vivants encore, on tira de sa panse
Des brêmes, des goujons, des gardons, du mulet,
Et nous avons trouvé très bonne sa pitance !
— On l'a pris à la ligne,... un simple cordonnet !

BLAGAGNAC.

Chez nous, — c'est un malheur ! — mais toutes les rivières.
Roulent tant de poissons que l'on ne voit plus l'eau ;
Aussi, nous les prenons de toutes les manières,
Mais surtout à la main, sans le moindre cordeau.

FARCIGNAC.

Il faut bien avouer, cher ami, que nous sommes
Privilégiés ! Chez nous, tout est supérieur !
Et, sur toute la terre, on ne trouve pas d'hommes
Vivant plus largement, dans un pays meilleur.

BLAGAGNAC.

Nous avons les talents...

FARCIGNAC.

Et les billets de banque !

BLAGAGNAC.

L'esprit !...

FARCIGNAC.

Et la gaîté, qui nous vient en naissant !

BLAGAGNAC.

C'est vrai ! mais, seulement, une chose nous manque

FARCIGNAC.

Quoi donc ?

BLAGAGNAC.

Eh bien ! mon cher, nous n'avons pas d'accent !...

FIN

PIÈCES POUR L'ENFANCE

Imprimerie générale de Châtillon-sur-Seine. — M.Pichat.